Wildfremd

Geheimnisse zwischen Bayern und Böhmen

Neznámá divočina

mezi Čechami a Bavorskem

Bibliografische Information der Deutschen Bibliothek
Die Deutsche Bibliothek verzeichnet diese Publikation in der Deutschen Nationalbibliografie; detaillierte bibliografische Daten sind im Internet über http://dnb.dnb.de abrufbar.
ISBN: 978-3-955870-75-1

Impressum

1. Auflage 2020
ISBN 978-3-95587-075-1

www.battenberg-gietl.de

Konzept und Fotos, Berndt Fischer, 91099 Poxdorf, www.berndtfischer.de
Buchgestaltung: Design by Klaus Schinagl, 97209 Veitshöchheim, www.schinagl.de
Printed in the Czech Republic

Dobré sousedství

Tato publikace by nemohla vzniknout bez velkorysé podpory Česko-německého fondu budoucnosti v Praze, který mj. podporuje vydávání publikací, které napomáhají sblížení Čechů a Němců.
Již mnoho let spolupracuje Berndt Fischer s řadou českých přírodovědců. Velmi si cení podpory Národního parku Šumava a osobní poděkování patří jeho ředitelům, ekologovi Pavlu Hubenému a jeho předchůdci, entomologovi Aloisi Pavlíčkovi.
Kromě toho se autorovi dostalo skvělé podpory od biologa Lukáše Šimka.
Mimořádné vstřícnosti se mu rovněž dostalo od germanisty Josefa Štemberka, zaměstnance Národního parku Šumava.
Teprve díky jeho citlivým překladům do češtiny se z knihy mohl zrodit společný česko-německý projekt.
Nejdůvěrnějším „sousedem" zůstává pro autora samotná česká příroda. Navštěvuje jí velmi často a za všech ročních i denních dob. Šumava se stala pro Berndta Fischera jeho srdeční záležitostí.

Herausgegeben mit freundlicher Unterstützung des Deutsch-Tschechischen Zukunftsfonds
Kniha vychází za podpory Česko-německého fondu budoucnosti.

Wildfremd

Geheimnisse zwischen Bayern und Böhmen

Neznámá divočina

mezi Čechami a Bavorskem

Das Seekar, einer der vier Arber Gipfel, überragt das Wolkenmeer.
Jezerní kar, jeden ze čtyř vrcholů Velkého Javoru, vyčnívá z moře mraků.

Menschenleer und grenzenlos
Liduprázdné bezhraničí

Vom Richard-Wagner-Kopf reicht der Blick bis zum fernen Rachel. Die sehr kalte Winternacht beginnt schon nach Sonnenuntergang.
Od místa zvaného „Hlava Richarda Wagnera“ se táhne výhled až ke vzdálenému Roklanu. Již po západu slunce začíná mrazivě studená zimní noc.

Verschneite Waldlandschaft an der bayrisch-tschechischen Grenze bei Finsterau.
Zasněžená lesní krajina podél česko-německé hranice u Finsterau.

Menschenleer und grenzenlos

Die Bedeutung des Wortes „menschenleer“ schließt neben der Tatsache, dass in einem bestimmten Raum keine Menschen (mehr) vorkommen, auch den Hinweis mit ein, dass ohne Menschen Leere herrsche. Undenkbar, davon zu sprechen, dass eine menschenleere Landschaft eben auch eine voller Lebensfülle sein kann. Menschenleer ist es heute nicht einmal mehr auf dem Mount Everest, in der Antarktis oder dem Regenwald am Amazonas. Das, was der Mensch als „die Seele baumeln lassen“ verklärt, das ist die Leere rings um ihn als Mittelpunkt. Der Ego-Individualist genießt sie in vollen Zügen, wenn er allein am Strand liegt, in irgendeiner Meerestiefe taucht oder auf einer Bergspitze zum ergriffenen Zeugen eines grandiosen Sonnenaufgangs wird. Aber selbst eine derartige Einsamkeits-Erfahrung bedarf noch der esoterischen Überhöhung, denn das bloße Dabeisein bei etwas natürlich Beeindruckendem würde ja das Menschsein auf eine bloße Zuschauerrolle reduzieren. Wenn der große Einzelmensch hingegen der Natur noch deren echte oder vermeintliche Geheimnisse abringt, dann wird umso deutlicher, dass Raum, Landschaft, Natur ohne menschliches Zutun eben sinn-leer bliebe.

Dabei hat sich die Evolution keineswegs schlüssig auf das anthropogene Zeitalter hinbewegt. Kleinigkeiten haben darüber entschieden, wie die Entwicklung des Lebens tatsächlich verlaufen ist. Heute droht die Insektenwelt zu verarmen, ursprünglich milliardenfaches Gewimmel von Leben auf der Erde, das sogar Spitzenmodelle des Lebens hervorgebracht hat. Sehen und fliegen wie eine Libelle vermöchte der Mensch auch

Der Rachel-Gipfel vor Sonnenaufgang.
Vrchol Roklanu před východem slunce.

dann nicht, wenn ihm alle Hochtechnologien zu Dienste stünden. Schlimmer noch für unser auf Menschen zentriertes Weltbild ist allerdings die Tatsache, dass nur ein „Konstruktionsfehler“ der Evolution den ungebremsten Siegeszug der Libellen verhindert hat. Hätten Super-Insekten wie die Libellen statt der starren und relativ zur Körpergröße zu schweren Chitinhülle, die eben nur Insektengröße zulässt, das Bauprinzip der Wirbeltiere zur Verfügung gehabt, wären wahre „Monster“ entstanden: riesengroß, räuberisch, flugakrobatisch, in jeder Hinsicht den ersten Menschen überlegen. Die Evolution hätte eine ganz andere Richtung eingeschlagen, die Säugetiere und damit der Mensch hätten keine Chance gehabt ...

Obwohl wir Menschen die Führungsrolle in der Evolution übernommen und ins Unermessliche gesteigert haben, ist in uns die Sehnsucht nach der „Menschenleere“ und nicht-menschlichen Natur geblieben. Wo finden wir solche menschenleeren Landschaften, die – anders als von

Eisjuwelen am Bach.
Ledové klenoty v potoce.

Im moorigen Tal der Grasigen Moldau (Řasnice).
V rašeliništi v údolí Řasnice u Strážného.

Menschen verwüstete und danach verlassene Landschaften – nur aus sich heraus entstanden sind und nicht dem Willen der Menschen folgen. Bisweilen sind es Katastrophen und Tragödien, die menschenleere Räume schaffen: von Menschen gemachte und sie selber zu Opfern machende Kriege, Naturkatastrophen wie Erdbeben oder Überschwemmungen.
Nach 1945 hat die von Deutschen verschuldete Weltkriegs-Katastrophe aus dem bayrisch-böhmischen Grenzgebirge einen menschenleeren Raum gemacht. Aus Tätern wurden mit der Niederlage Opfer, etliche darunter mehr oder weniger unschuldig, die aus ihrer angestammten Heimat Böhmen vertrieben wurden. Die alten Täter wurden abgelöst von neuen Tätern, und aus dem alten Siedlungsraum Böhmerwald war ein Niemandsland geworden. Dörfer verfielen oder wurden geschleift, die Grenze zwischen zwei politischen Systemen wurde zur unüberwindlichen Barriere. Aber auch 10 km hinter dem Eisernen Vorhang war jedwedes menschliche Leben jenseits von Militär und Grenzsicherung untersagt. Für Deutsche und Tschechen. Die vor dem Krieg vergleichsweise bescheidene regionale Mobilität der Menschen war gänzlich ausgelöscht – aber nicht die Mobilität der Natur. Millionen Fichtensamen haben je nach Windrichtung jenseits der Grenze gekeimt, Vögel, Insekten und Fledermäuse haben sie einfach überflogen und dabei vielleicht ungewollt manche Lichtschranke oder Leuchtrakete ausgelöst. Wie und warum die großen Säuger den Weg durch Panzersperren, Stachel- und Stolperdrähte gefunden haben, das bleibt ein Rätsel. Aber die Luchse, die in den 70er Jahren erstmals wieder im Bayerischen Wald auftauchten, waren unzweifelhaft aus der Tschechoslowakei gekommen. Die menschenleere Natur entlang der Grenze hat die 40 Jahre Dornröschenschlaf gut genutzt. Wie in einem Laborversuch hat die Natur den Beweis erbracht, dass sie aus eigener Kraft den ihr zur Verfügung stehenden Lebensraum mit überquellendem Leben zu erfüllen vermag. Die elementaren Kräfte der Natur haben Wunden in der Landschaft vernarben lassen, aus ehemaligen Dörfern ist Offenland entstanden, mit Wiesen, die als nie gedüngte Trockenrasen oder Feuchtwiesen in voller Blumenpracht stehen, wie vor dem Sündenfall der Agrochemie. Die meisten Wälder sind zwar als Erbe der intensiven Forstwirtschaft fichtendunkel geblieben, aber die Stille ist eingekehrt wie in kaum einem anderen Landschaftsraum Mitteleuropas. Nicht nur die ausgedehnten Moore sind weglos geblieben. Statt dem Menschen haben die elementaren Naturkräfte von Wasser, Wind und Jahreszeiten die Landschaft gestaltet. Nirgendwo sonst in Deutschland und Tschechien ist die Formensprache des uralten Mittelgebirges besser erhalten und weniger beeinträchtigt durch Zersiedlung, Straßen und Energieerzeugung sowie Stromtrassen.

Blick vom ehemaligen Dorf Schillerberg (Radvanovice) über die winterlichen Waldberge, wo einst der Eiserne Vorhang verlief.
Zimní pohled od bývalé vesnice Schillerberg (Radvanovice) přes zalesněné hory v místě, kde kdysi probíhala „Železná opona".

Die Balz des Auerhahns beginnt im Spätwinter in verschneiten Wäldern.
Tetřeví tok začíná uprostřed zasněžených lesů za pozdní zimy.

Andere Dimensionen: ein allein gelegenes Bauernhaus und ausgedehnte Bergwälder bis zum Lusen Gipfel. Vom ersten Schnee zur tief winterlichen Landschaft.
Rozdílné dimenze: samostatně stojící statek a rozsáhlé horské lesy táhnoucí se až k vrcholu Luzného. Od prvního sněhu po zapadanou zimní krajinu.

Von Haidl am Ahornberg (Kepelské Zhůří) sind nur die Ahorn-Veteranen übrig geblieben.
Heute ein Ort der Stille in menschenleerer Natur.
Na Kepelské Zhůří upomínají jen prastaré javory. Dnes je to místo ticha v liduprázdné krajině.

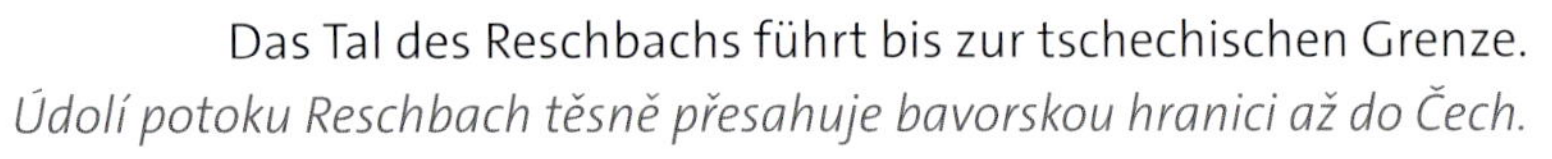

Das Tal des Reschbachs führt bis zur tschechischen Grenze.
Údolí potoku Reschbach těsně přesahuje bavorskou hranici až do Čech.

Mondaufgang über dem Tal der Grasigen Moldau (Řasnice).
Měsíc vycházející nad údolím Řasnice.

Blick bei Sonnenaufgang von der deutsch-tschechischen Grenze bei Buchwald (Bučina) hinüber zum Massiv des Dreisesselbergs und Plöckensteins.
Pohled od česko-německé hranice u Bučiny při východu slunce směrem k masívu Třístoličníku a Plechého.

Gemäuer der ehemaligen Streichholzfabrik des Samuel Kohn, tief im Wald verborgen, wo einst das Dorf Riesenbach (Buzošna) im Tal der Losnitz (Losenice) lag.

Rozpadající se zdivo bývalé továrny na výrobu zápalek Samuela Kohna dnes leží zapomenuto hluboko v lesích. Kdysi zde v údolí Losenice vzkvétala celá vesnice jménem Buzošná.

Wie das geborstene Räderwerk einer kaputten Uhr ragt das Zahnrad der ehemaligen Mühle von Wunderbach (Bystrá) aus der Ruine.
Jako rozbité ústrojí hodin trčí ozubené kolo z ruin někdejšího mlýna na Wundebachu.

Nur die dunklen Augen und die schwarze Schwanzspitze verraten das Hermelin in seinem weißen Winterpelz. In rasantem Tempo bewegt sich der kleine Marder über und unter dem Schnee.

Jen tmavé oči a černá špička ocasu prozradí hranostaje v jeho sněhobílém zimním kožíšku. Toto malé zvířátko se s lehkostí dokáže pohybovat jak po sněhu, tak pod ním.

Welt in weiß: Wie ein altes Paar stehen zwei Ahorne auf tiefverschneiter Hochebene.

Svět v bílé. Jako starý pár stojí pospolu dva javory na zasněžené pláni.

Bäume in der Offenlandschaft, wo sich einst das Dorf Haidl (Zhůří) am Ahornberg befand: Farbenglühen am Sommerabend und eine Welt in Weiß im Hochwinter.

Stromy uprostřed otevřené krajiny v místech, kde dříve stála vesnice Zhůří: Žhnoucí barvy za letního večera vystřídá sněhobílý svět uprostřed pravé šumavské zimy.

Kurz nach Sonnenaufgang bricht die Novembersonne durch die Wolkendecke bei Ferchenhaid (Borová Lada) und taucht das Tal mit dem Königsfilz (Chalupská slať) in Gold.

Krátce po východu slunce se prodírají listopadové paprsky slunce skrz mračna u Borové Lady a zalévají celé údolí s Chalupskou slatí zlatavou barvou.

Kurz vor dem Moldau-Stausee bildet die Moldau ein Gewirr von Flussarmen, die fast das ganze Jahr früh morgens in Nebel gehüllt sind.

Těsně než se Vltava vlévá do Lipenského jezera, tak vytváří u Nové Pece změť říčních ramen, které se po celý rok noří do ranních mlh.

Der Kieslingbach (Křemelná) fließt durch menschenleere Waldlandschaft. Nur die Nebelschwaden lassen erahnen, dass sich zwischen den Nadelbäumen ein Bachgrund befindet.

Křemelná protéká liduprázdnou krajinou lesů. Jenom mlžný opar nechává tušit, že na dně údolí probíhá koryto horského potoka.

Im Dorf Wassersuppen (Nemanice) gab es nie Reichtum, dafür eine reiche Natur. Auch im Chodenland (Chodsko) bei Taus (Domažlice) sind viele Dörfer verschwunden.

Nemanice nepatřily nikdy k bohatým vesnicím, ale vždy oplývaly bohatstvím přírody. Také na Chodsku u Domažlic zmizelo mnoho vesnic z mapy světa.

Moor, Sumpf und Flussmäander formen an der Moldau eine geradezu archaische Natur.
Rašeliniště, mokřady a říční meandry vytváří v širokém údolí Vltavy vpravdě archaickou krajinu.

Wasserwildnis an der Moldau.
Vodní divočina Vltavy.

Die Herbstfärbung einiger Laubbäume hellt den düsteren See auf.
Podzimní barvy listnatých stromů jakoby rozsvítily jinak zasmušilou hladinu jezera.

Blick von oben auf den versteckten Schwarzen See (Černé jezero).
Pohled shora na Černé jezero choulící se mezi horami.

Blick von Buchwald (Bučina) auf die Hochebene von Fürstenhut (Knížecí Pláně) und die umliegenden Böhmerwald-Berge.
Pohled od Bučiny na planinu bývalých Knížecích Plání obklopenou šumavskými zalesněnými horami.

Das idyllische Tal von Peklo (Pekelsko udoli) liegt einsam und abgeschieden im Herzen des Böhmerwalds.
Idylické Pekelské údolí leží daleko od civilizace v srdci Šumavy.

Einsames Pferd bei Neuhurkental (Nová Hůrka).
Osamocený kůň u Nové Hůrky.

Früher ein „verbotener" Blick: von Mitterfirmiansreut über die Grenze nach Tschechien.
Ještě nedávno „zakázaný" pohled: od Mitterfirmiansreutu přes hranici do Čech.

An den Staubgefäßen einer Blüte der Himmelsleiter hat sich eine Fliege niedergelassen.
Na pylových tyčinkách jírnice modré se usadila moucha-akrobatka.

Naturreich und anmutig

Půvabně přírodní

Hinter feinem Rispengras verbirgt sich die Blüte der Skabiose wie unter einem Schleier.
Květ hlaváče se ukrývá mezi jemnými stébly lipnice jako za přenádherným závojem.

Naturreich und anmutig

Alle sinnlichen Erscheinungsformen der Natur wirken erhaben, selbst in der Zerstörungskraft der Natur zeigt sich noch deren Größe. Mehr als die Erhabenheit großartiger Naturerscheinungen wie der von Gebirgen, Meeren oder Urwäldern berührt uns indessen die vollendete Schönheit von Tieren und Pflanzen. Heute streben zwar viele Menschen nach Naturgenuss, der aber flach und oberflächlich bleiben muss, wenn Naturschönheit nur als Kulisse für menschliche Bedürfnisse benötigt wird. Allein aus der Haltung des interesselosen Wohlgefallens (und des demütigen, ja ehrfürchtigen Staunens) erschließt sich die ganze Wunderwelt natürlicher Erscheinungsformen.
Zwei Merkmale der Naturschönheit drängen sich dem Naturbetrachter immer wieder aufs Neue auf:
Was für ein natürlicher Reichtum an Vielfalt und Überschuss wird in der Natur hervorgebracht - als Ergebnis nichtmenschlicher Kräfte!
Welche natürliche Anmut geht von den unendlich vielfältigen Ausprägungen und Spielarten der Natur aus!
Natürlich folgen die meisten Naturerscheinungen irgendwelchen Zwecken, die uns bisweilen verborgen bleiben, die wir aber auch oft einseitig funktional zurechtdeuten. Ein prächtiges Federkleid oder ein betörender Blütenduft kann von uns Menschen einem Zweck zugeordnet werden. Aber damit sind wir der Anmut der Natur noch lange nicht gerecht geworden. Angeblich können Tiere gar nicht denken, aber mit dieser „Erkenntnis“ gelangen wir unfreiwillig ins Zentrum der natürlichen Anmut. Die schöne Gedankenlosigkeit der Natur versetzt uns in Staunen und Bewunderung, sofern wir nicht schon wieder dem Zweckrationalismus verfallen. Warum glänzen Stare so schön, warum klingen die Paarungsrufe der Unken so sanft, warum wiegen sich die Blütenkelche so anmutig im Wind? Ist es nicht so, dass Tieren und Pflanzen alle Bewegungen bzw. Lautäußerungen „gelingen“, weil sie sich nicht anstrengen, schön zu sein? Warum ist ein Schmetterling so wunderbar, wenn er doch nur ein paar Tage lebt, gar keine Nahrung zu sich nimmt und nach der Paarung stirbt? Die Schönheit ist ein hinreichender Grund, so wie die Kategorien des Nützlichen bzw. Unnützen naturfremd bleiben.
Eine Schnecke leidet nicht unter dem Mangel an Geschwindigkeit. Es fehlt ihr nichts. Die meisten Bewegungen der Weinbergsschnecke sind fließend und gleitend, auch wenn sie die Fühler mit dem aufsitzenden Auge blitzschnell einziehen kann. Aber alles geschieht mit Grazie – und einer geheimnisvollen Selbstgenügsamkeit.
Rastlose Flieger wie die Falken oder Libellen leiden nicht unter ihrer Rastlosigkeit. Sie leben in einer Welt der rasanten Bewegungen und vermissen den „Stillstand“ der Schnecken nicht. Wenn sie wie die Falken im Rüttelflug auf der Stelle stehen oder wie die Libellen den Rückwärtsgang einlegen, dann ist das nicht nur zweckdienlich, es sieht obendrein auch elegant und ästhetisch aus. Dabei legen es die Tiere und Pflanzen gar nicht darauf an, uns zu gefallen. Wir sind nur zufällige Zuschauer. Ganz viel von dieser Schönheit entgeht uns gänzlich. Es vollzieht sich heimlich, an

Bunte Blumenwiese bei České Žleby.
Pestré louky plné květů u Českých Žlebů.

Feuerlilie: Kostbarkeit der Goldhaferwiesen, verbreitet in den südeuropäischen Gebirgen, sehr selten nördlich der Alpen.
Lilie cibulkonosná: Vzácný klenot lipnicovitých trojštětových luk, rozšířena v jihoevropských pohořích, velmi vzácná na sever od Alp.

Der heimliche Wachtelkönig ist auf den Wiesen des Šumava noch ein verbreiteter Brutvogel, kaum zu sehen, aber wegen seiner knarrenden Rufe nicht zu überhören.
Tajemný chřástal polní obývá šumavské louky dost často. Těžko ho ovšem spatřit, jen jeho skřehotavý hlas se nedá přeslechnout.

verborgenen Stellen, in kurzen Momenten oder im Dunkeln. Dass rivalisierende Kreuzotter-Männchen sich aufrichten und sanft wiegend tanzen, bleibt ihr Geheimnis und ist nicht für uns Menschen bestimmt.

In den Wipfeln der Bäume leben winzige Goldhähnchen, die die Zweiglein umschwirren und noch winzigere Insekten erhaschen. Auf ihrem winzigen Kopf tragen sie einen Scheitel, der von zwei schwarzen Streifen gebildet wird. Dazwischen schimmert es gelblich-orange. Für das menschliche Auge kaum sichtbar - wenn wir diesen Vogel-Winzlingen überhaupt nahe kommen - klappt dieser Scheitel bei Erregung auf und eine leuchtend orange kleine Federholle quillt hervor. Der Erfinder auffälliger Wintermützen muss den Goldhähnchen zugesehen und alles in Zeitlupe festgehalten haben...

Naturreichtum und -schönheit schmeichelt unseren Sinnen, ob es nun leuchtende oder sanfte Farben, weiche Federn oder rissige Borken, leises Insektensummen oder schmetternde Vogelgesänge sind, die unsere Sinne wahrnehmen. Stets gehört aber unsere Psyche dazu, um dieses Naturreich der Sinnesreize tatsächlich als angenehm und schön zu empfinden.

Interesseloses Wohlgefallen an den sinnlichen Erscheinungen der Natur ist nur möglich, wo auch Empathie mit und Staunen über die natürliche Ausstattung der Mitgeschöpfe als Grunddisposition vorhanden sind: Bei einem kindlichen Gemüt! Umgekehrt bedeutet Naturzerstörung den Verlust der Kindheit, und damit auch von Unschuld und Schönheit.

Die geradezu anarchische Vielfalt an Formen und Farben der Natur findet stets ihr beruhigendes Gegenmoment in einer kaum erklärbaren Ordnung, die aus vielen Bergen ein Gebirge und aus Tausenden Halmen ein Gras- oder Schilfmeer macht. Das flüchtige Licht zaubert Momente für die Ewigkeit, der Farbtupfer eines Schmetterlings eine unerwartete Bild-Komposition. Neben dem Spannungsverhältnis zwischen Gegensätzlichem, das allen Naturerscheinungen zugrunde liegt, sind es geheimnisvolle Urformen wie die Spirale, die das Chaos mit einer ästhetischen Ordnung durchdringen. Vom Spiralnebel bis zum Blütenstand des Sonnentaus. Die Blüte ist noch in der Knospe versteckt, der spiralförmig eingerollte Stängel ragt anmutig aus dem Wirrwarr der Leimtentakel an den Blatträndern heraus. Die Form gewordene Ordnung spricht unser Auge und Herz an, bevor der Verstand die fleischfressende Pflanze „entlarvt". Im Pflanzennamen „Sonnentau" hat menschliche Einfühlsamkeit bestmögliche Naturpoesie geschaffen. Sonnentau und Trauermantel, Wachtelkönig und Mosaikjungfer: Mit dieser Art von Namens-Poesie haben Menschen in früheren Zeiten einen angemessenen Ausdruck für die Schönheit von Tieren und Pflanzen gefunden. Der Umgang mit dem Naturreichtum in der industrialisierten Land- und Forstwirtschaft macht buchstäblich krank und hat einen erheblichen Teil der Schönheit aus unserem Leben vertrieben.

Nicht minder selten geworden im Europa der Agrarchemie und Intensivlandwirtschaft ist der Wiesenvogel Braunkehlchen. Im Šumava brüten noch zahlreiche Braunkehlchen.

Bramborníček hnědý se stal vlivem používání chemie a intenzivního zemědělství velmi vzácný v celé Evropě. Tento typický obyvatel pasených luk hnízdí už jen na Šumavě stále hojně.

Als Alpenpflanze hat die Soldanelle auf den Höhen des Bayerischen und Böhmerwalds seit der Eiszeit überlebt. Sie zählt sozusagen zu den Ureinwohnern Bayerns und Böhmens.

Dřípatka horská, která platí jinak za alpský druh, se udržela na svazích Šumavy a Bavorského lesa od poslední doby ledové. Tím jí můžeme zahrnout mezi praobyvatele Čech a Bavorska.

Ein Großschmetterling der Waldränder, Waldwege und Gebüschsäume ist der Schillerfalter, der in zwei Arten vorkommt. Hier der Kleine Schillerfalter.

Velký motýl lesních lemů, polních cest a křovisek se jmenuje batolec a na Šumavě se vyskytuje ve dvou druzích. Zde byl zachycen batolec červený.

Massenvorkommen der Sibirischen Schwertlilie finden sich im Šumava an einigen Stellen.
Kosatec sibiřský vytváří celé louky hned na několika místech Šumavy.

Der Blütenstängel des Rundblättrigen Sonnentaus ist vor dem Aufblühen spiralförmig eingerollt.
Stonek květu je u rosnatky okrouhlolisté před rozkvětem krásně stočený do spirály.

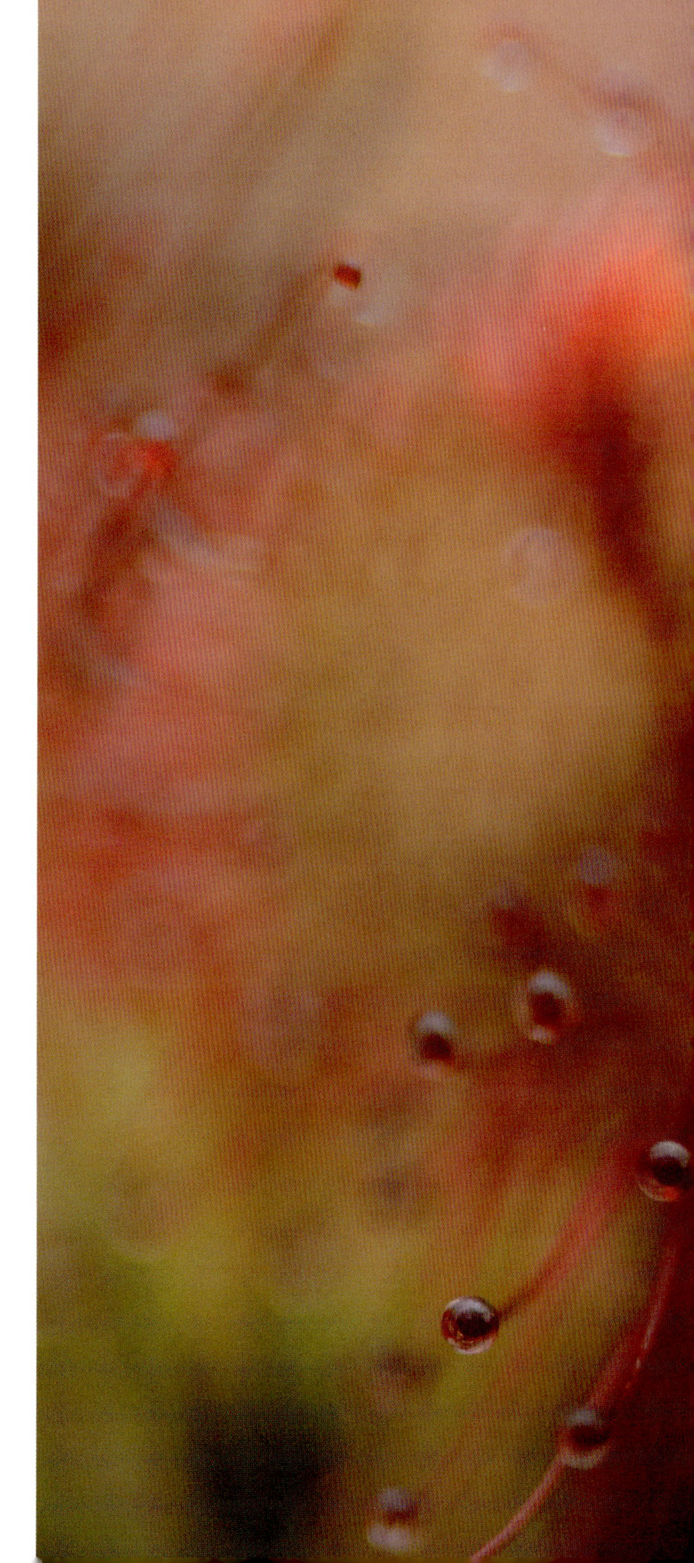

Durch die Lamellen des Fliegenpilzes schimmert das Sonnenlicht.
Skrz lupeny muchomůrky prosvítá sluneční svit.

oben: Orangerote Becherlinge am Rande eines Wegs.
Nahoře: Oranžové pohárky řasnatek na okraji cesty.

unten: Eine Flechte aus der Familie der Becherflechten blüht tiefrot, Schönheit, die sich allerdings nur aus nächster Nähe erschließt.
Dole: Lišejník z rodu pohárkovitých kvete sytě červeně. Krása, kterou lze ovšem obdivovat pouze z bezprostřední blízkosti.

In dieser Blumenwiese dominieren Hahnenfuß und Habichtskraut mit ihren leuchtenden Gelb- und Orangetönen.
Této květnaté louce dominují pryskyřníky a jestřábníky díky jejich zářivým květům ve žlutých a oranžových tónech.

Das Kleine Nachtpfauenauge ist fast überall selten geworden, in Heiden und Mooren begegnet man dem schönen Nachtfalter noch gelegentlich.
Martináč habrový se stal dosti vzácným druhem, ale na slatích a rašeliništích tohoto nádherného nočního motýla ještě potkáte.

Das Weibchen des Kammhorn-Schnellkäfers hat sich auf der Blüte eines Schlangenknöterichs niedergelassen, in feiner farblicher Abstimmung.
Samička kovaříka se posadila na květ rdesna, se kterým barevně ladí.

Viola tricolor – das Wilde Stiefmütterchen blüht in Böhmen an vielen Stellen.
Maceška trojbarevná – tato divoká violka kvete v Čechách na mnoha místech.

In der Blütendolde der Wilden Möhre verbirgt sich eine Krabbenspinne, die auf Blütenbesucher lauert.
Na okolíku divoké mrkve číhá běžník na náhodného návštěvníka květu.

Atelier Natur: Wassertropfen in Spinnennetzen und Eiskügelchen an Gräsern in Bachnähe sind flüchtige Kunstwerke voller bizarrer Schönheit.

Přírodní ateliér: Kapičky vody na pavučinách a ledové kuličky na stéblech ponořených do vody potoka jsou chvilková umělecká díla přírody plná barevné krásy.

Einer unserer kleinsten Singvögel, das Sommergoldhähnchen, lässt es zur Paarungszeit auf seinem Scheitel orangefarben aufblitzen. Meistens halten sich diese Winzlinge allerdings im Kronenbereich der Bäume auf.

Jeden z našich nejmenších zpěvných ptáků, králíček ohnivý, se v čase páření snadno pozná podle oranžové šešulky. Většinou se ale tito mrňouskové pohybují nahoře v korunách stromů.

Wildkirschen und austreibende Birken bringen Licht und Farbe in düstere Fichtenwälder.

Rozkvetlé třešně a rašící břízky vnášejí na jaře do tmavého smrkového lesa světlo a barvu.

Der farbenprächtige Karmingimpel kommt als südöstlicher Zugvogel spät und geht bald wieder. Von Mitte Mai bis Mitte Juli brütet er im Tal der Moldau.
Krásně vybarvený hýl rudý k nám přilétá od jihovýchodu až pozdě a velmi brzy opět táhne na jih. Od poloviny května do poloviny července se páří v údolí Vltavy.

Ebenfalls erst im Mai schmettert der Waldlaubsänger sein Lied in den Bergwäldern.

Teprve v květnu se začíná ozývat z horských lesů zpěv budníčka lesního.

Eine Art, die nur in urwaldartigen Wäldern vorkommt, ist der kleine Zwergschnäpper.

Druhem, který se vyskytuje pouze v pralesovitých lesích, je lejsek malý.

Hängen gebliebene Rauschbeeren trocknen ein, während das Laub sich feuerrot verfärbt.
Tu a tam zůstává na vlochyni bahenní uschlý plod, zatímco listy se barví do sytě rudé.

Diese beiden Pappeln im unteren Teil des Šumava nahe der österreichischen Grenze haben eine besonders intensive purpurrote Farbe angenommen.
Tyto dvě osiky v jižní části Šumavy u rakouských hranic se oděly do zvlášť silného purpurového odstínu červené.

Im Herbst werden die Laubwälder wieder heller. An den Farnwedeln hängt buntes Pappellaub.
Na podzim se listnaté lesy opět prosvětlí. Kapradí zasypávají listy osiky.

Die Große Moosjungfer, eine typische Moorlibelle, ruht sich an einem Schachtelhalm aus.
Vážka jasnoskvrnná, typická vážka rašelinišť, odpočívá na rostlince přesličky.

Der Herbst ist die Flugzeit der Mosaikjungfern, wie hier der Grünen Mosaikjungfer.
Podzim je letovým obdobím pro šídla, jako například zde pro šídlo zelené.

Noch seltener kommt der Sumpfenzian in Flachmooren vor.
Do čeledi hořcovitých patří také vzácný kropenáč vytrvalý, který roste jen zřídka na rašeliništích šumavských plání.

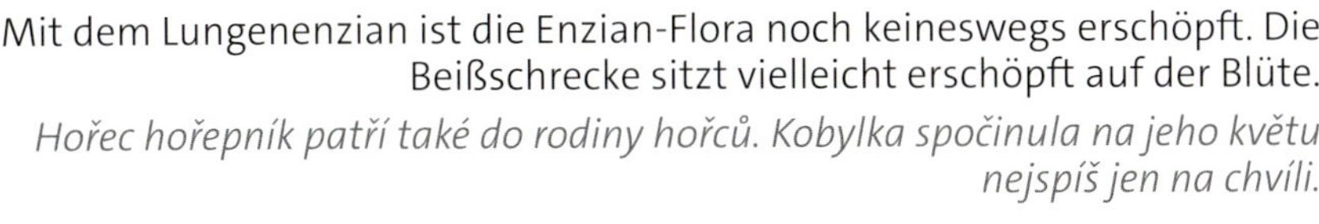

Mit dem Lungenenzian ist die Enzian-Flora noch keineswegs erschöpft. Die Beißschrecke sitzt vielleicht erschöpft auf der Blüte.
Hořec hořepník patří také do rodiny hořců. Kobylka spočinula na jeho květu nejspíš jen na chvíli.

Schmuckstück des Grenzgebirges ist der Ungarische Enzian.
Opravdovým klenotem hraničních hor je hořec panonský.

Charaktervögel des Bayerischen und Böhmischen Waldes sind die Fichtenkreuzschnäbel. Sie brüten im Winter, wo sie auch häufig am Boden Eiskristalle aufnehmen, um ihren Durst zu stillen.

K typickým ptákům Šumavy a Bavorského lesa se počítají křivky. Párují se v zimě, kdy také často sbírají na zemi ledové krystalky, aby utišily svoji žízeň.

Birnenstäubling auf Totholz.
Pýchavka hruškovitá na tlejícím dřevě.

Zwei stattliche Steinpilze im abendlichen Licht.
Dva urostlé hřiby ve večerním světle.

Der Ästige Stachelbart wächst an liegenden toten Buchenstämmen.
Korálovec bukový roste na ležících tlejících kmenech buku.

Der seltenste Feuerfalter ist wohl der Blauschillernde Feuerfalter, der in moorigen, kühlfeuchten Bachtälern vorkommt.
K nejvzácnějším ohniváčkům patří ohniváček rdesnový, který obývá chladná údolí potoků s rašeliništi.

Der Dukatenfalter ist mit den Bläulingen verwandt, leuchtet aber golden.
Ohniváček celíkový je červený motýl z čeledi modráskovitých.

Der Violette Feuerfalter kommt eher an trockenen Standorten vor.
Alle Feuerfalter sind klein, an Farbenpracht nehmen sie es aber mit den tropischen Schmetterlingen auf.
Ohniváček modroleskÿ se vyskytuje spíš na suchých stanovištích. Všichni ohniváčci jsou malí, ale co se týká zbarvení, tak si nezadají ani s tropickými motýly.

Der Warzenbeißer erklimmt an zwei „Kletterstangen“ luftige Höhen.

Kobylka hnědá šplhá po dvou stoncích snad až k nebeským výšinám.

„In den Seilen" hängt der bunte Wegerichbär, seine auffällige Färbung signalisiert Ungenießbarkeit, ein besseres Versteck war offensichtlich nicht erforderlich.
Jako na lano se na trávu zavěsil přástevník jitrocelový. Jeho signální zbarvení prozrazuje, že se za pochoutku nehodí, a proto se ani nijak neschovává.

Urtümliche Weiherlandschaft im Wittingauer (Třeboň) Becken.
Velmi stará rybníkářská krajina v Třeboňské pánvi.

Vogelwild und ungezähmt
Divoce nezkrotná

Der Fischadler hat mit wildem Tauchstoß eine Forelle erbeutet
Orel mořský ulovil prudkým výpadem tučného pstruha.

Der nachtaktive Otter ist sehr selten zu beobachten, lebt aber an vielen Gewässern im Šumava und inzwischen auch wieder auf der bayrischen Seite.

Vydra říční je aktivní v noci, a proto ji jen zřídkakdy můžeme pozorovat. Jinak ale žije na mnoha vodních tocích Šumavy a objevuje se již i na bavorské straně.

Vogelwild und ungezähmt

Alles Wilde macht den meisten Menschen seit jeher Angst. Genauso wie es stimmt, dass wir angeblich zivilisierte Wesen uns nach dem Wilden sehnen: Wildnis als Sehnsuchtsort und wild sein als Metapher natürlicher Freiheit. Sich nicht daran orientieren zu müssen, was sich ziemt, das eröffnet Handlungsspielräume. Zumindest in Gedanken. Wer sich nicht darauf einlassen will, der zähmt seine Vorstellungskraft, wobei „zahm" und „ziemen" auf dieselbe Wortwurzel zurückgehen. Domus, das Haus, ist der Ort der Zähmung und des Ziemlichen.

Wie unheimlich erscheint uns doch die Tatsache, dass es unbehauste Wesen gibt, die lange vor uns menschlichen Wesen existiert haben und aus denen wir evolutionär herausgewachsen sind. Die Wildtiere haben sich den Status der Ungezähmtheit bewahrt. Sie entziehen sich unseren Blicken, leben nach ganz anderen, „wilden" Gesetzen, verhalten sich den Gesetzen der Natur

Bei Nové Udolí ist nach heftigen Schnee- und Regenfällen die Kalte Moldau über die Ufer getreten und hat das Tal in eine Wasserlandschaft verwandelt.

U Nového Údolí vystoupila Studená Vltava po prudkých deštích se sněhem zcela ze svých břehů a změnila údolí ve vodní krajinu.

entsprechend. Ihre wilde Kraft oder Sanftheit und ihre wilde Andersartigkeit oder Schönheit ist aus sich selbst entstanden. Ohne ein Zutun des Menschen. Das konnten Menschen nicht auf sich sitzen lassen und haben wilde Tiere ihrem Willen unterworfen, eingesperrt und gezähmt oder frei von Empathie wahllos getötet. Wir wissen nicht, was in diesen nicht-menschlichen Tieren vorgeht, werden aus ihren Blicken nicht schlau, wenn wir ihnen unverhofft gegenüberstehen. Ihre Flucht, Gleichgültigkeit oder Drohgebärde interpretieren wir ganz oberflächlich, eben nur aus unserer Sichtweise. Wir würden die Tiere auch dann nicht verstehen, wenn sie sprechen und wir ihre Sprache verstehen würden. Die Koexistenz über lange Jahrtausende mit diesen ungezähmten Wesen hat die Geschichte der Menschen ungemein bereichert, unsere Phantasie angeregt und für unsere eigenen Handlungen und Projektionen Deutungsmuster bereit gestellt. Gleichzeitig ist diese ungezähmte Existenzform eine stete Herausforderung für das gezähmte Leben in der Zivilisation. Nicht nur aus pragmatischen Gründen war die Zähmung von Tieren seit Urzeiten ein zentrales Anliegen der Menschen. Die Natur kennt keine Hierarchie, auch nicht die der Stärkeren gegenüber den Schwächeren. Der Wolf herrscht nicht über die Rehe. Erst der Mensch hat die Dominanz eines Herren und die Unterwerfung der Tiere erzwungen. Tierliebe ist das eigenartige Ergebnis dieser Zähmung, die Hunden, Katzen und Pferden zuteil wird, während Nutztiere als nützliche Massenware behandelt werden. Für die ungezähmten Wildtiere bleiben häufig gar keine oder nur falsche Gefühle aus dem Arsenal der Vorurteile der Naturentfremdeten : Tiere brauchen unseren Schutz, unser ständiges Eingreifen, sind Räuber oder Überträger von Krankheiten, gefährlich oder hilflos ... Dabei hatte es so „gut“ angefangen, die frühen Menschen haben die wilden Tiere gefürchtet, aber auch bewundert, ihnen übersinnliche Fähigkeiten zugedacht, sie als Mitgeschöpfe angesehen, ihre Existenz fraglos akzeptiert. Deren Sinne übersteigen eben auch die der Menschen. Sehen wie ein Luchs, hören wie eine Eule, riechen wie ein Dachs, die Sinne der Tiere leisten Phänomenales. Sie sind von Natur aus ausgestattet mit Wärmemelder (Schlangen), Echolot (Fledermäuse) und Restlichtverstärker (Nachttiere), wofür der Mensch mit seinen technischen Hilfsmitteln Jahrtausende der Entwicklung bedurfte. Menschheits-Phantasien wie das Fliegen wären ohne das Vorbild der Vögel,

Sommergewitter haben den Hammerbach bei Antýgl gewaltig anschwellen lassen.
Letní lijáky změnily Hamerský potok u Antýglu v dravou horskou bystřinu.

Genau da, wo einmal der Eiserne Vorhang zwischen Deutschland und Tschechoslowakei verlief, schlängeln sich Bäche durch unberührte Moorlandschaft.
Přesně zde, kde ještě nedávno stála „železná opona“ mezi Československem a Německem, se klikatí potoky skrz nedotčená rašeliniště.

Ein bemooster Baumveteran im Tal der Losnitz bei Reichenstein.
Stromový veterán porostlý mechy v údolí Losenice u Rejštejna.

Fledermäuse und Insekten vielleicht nie entstanden. Gerade die Vögel mit ihrer ungewöhnlichen Mobilität über Kontinente hinweg nötigten den Menschen Respekt ab, der sie aber auch nicht vor menschlicher Nachstellung bewahrt hat. Gerade die „vogelwilde" Ungezähmtheit und Extravaganz hat menschliche Begehrlichkeiten geweckt. Vögel können urplötzlich einfallen, aber auch ebenso schnell entwischen, sie haben alle Räume erobert, Wasser, Boden, Bäume und Luft. Die meisten wilden Säugetiere „kleiden sich" in gedeckten Farben, passen sich der Umgebung an. Die „vogelwilde" Schönheit prahlt mit verschwenderischer Farbigkeit. Die knallrote oder schwefelgelbe Iris eines Greifvogels oder einer Eule signalisiert Wildheit und Ungezähmtheit, Farbenpracht und Ästhetik des Federkleids sind ohne menschliche Designer entstanden.

Noch viel gründlicher hat die „Zähmung" der Landschaft in Deutschland stattgefunden. Kein Fluss, kein Bach, kein Tümpel ist der Begradigung entgangen, der rechte Winkel hat alles Natürliche, Schräge und Gekrümmte beseitigt. Für alte Bäume ist kein Platz mehr, nicht einmal im Wald. Feuchtwiesen, Sümpfe, Moore, Brachen haben den Landhunger der Flurbereiniger, Straßenplaner und gnadenlosen Bebauer nicht überstanden. Auge und Sinn reagieren verwirrt, wenn man entlang der bayrisch-tschechischen Grenze, vornehmlich in Böhmen, verloren Gegangenes wieder entdeckt. Da ist sie noch die Kindheitslandschaft, wo es wie Kraut und Rüben wächst. Verfilztes Altgras, undurchdringliche Hochstauden, blumenreiche Magerwiesen, Bulten in sumpfigem Gelände, all das hat dank des Eisernen Vorhangs überlebt. Moore, Sumpfwälder, wilde Bäche und mäandrierende Flüsse – wo sonst in Mitteleuropa gibt es sie noch? Nicht umsonst war die Ilz vor einigen Jahren Flusslandschaft des Jahres in Deutschland. Den Wald sich selbst überlassen, wie es im NP Bayerischer Wald praktiziert wird, ist wohl eine echte Pioniertat im durchökonomisierten Europa. Den künftigen Urwald werden wir nicht mehr erleben, dazu sind die Abläufe in der Natur zu langsam, zu epochal. Aber die Urwaldrelikte, wie es sie im Bayerischen und im Böhmerwald noch gibt, zeigen uns, wie es vielleicht einmal wieder aussehen könnte. Wenn das Ungezähmte und Vogelwilde wieder als gleichberechtigte Existenzform des Lebens zugelassen würde. An den nicht-menschlichen Tieren würde es nicht scheitern ...

Mit kraftvollen Hieben öffnet der Schwarzspecht den Stamm einer Fichte, um an Holzkäferraupen zu gelangen.

Silnými údery rozbíjí datel černý kmen smrku. Pase po housenkách hmyzu, které se vyvíjejí ve dřevě.

Nachfolgende Seiten: Die Wolken des sich auflösenden Nebels ziehen über den Kubany, von fernher überragen Alpengipfel die Mittelgebirgsrücken.

Rozpouštějící se mlha se převaluje přes hřbet Boubína, za kterým vyčnívají alpské vrcholy ve skutečnosti velmi vzdálené od Šumavy.

Uralte Ahorne und Felsbrocken: gleichwohl sind diese Formationen Ergebnis der ehemaligen Kulturlandschaft bei Steinköpfelhäuser (Kamenná Hlava).

Prastaré javory i skalní bloky na zarůstajících pastvinách jsou pozůstatky někdejší kulturní krajiny na Kamenné Hlavě (u Českých Žlebů).

Winter mit hoher Schneedecke in tausend Meter Höhe haben bewirkt, dass die Birkenstämme ganz gewunden gewachsen sind.

Drsné klima s pořádnou porcí sněhové nadílky v zimě způsobily, že kmeny bříz jsou podivně deformované.

Einzelne Wölfe durchstreifen wieder das Grüne Dach, die Wälder des Grenzgebirges.
Osamocení vlci opět přicházejí na „zelenou střechou Evropy“, do svého někdejšího domova.

Moose, Flechten und der fleischfressende Sonnentau wachsen in den Mooren des Böhmerwalds, wie hier in der Toten Au (Mrtvý luh).
Rašeliníky, lišejníky a také masožravé rosnatky rostou na šumavských rašeliništích, například jako zde v Mrtvém luhu.

An Moorrändern, wo feuchte und trockene Stellen zusammen treffen, lebt die Kreuzotter, die mit ihrer Zunge „riecht".
Na okrajích rašelinišť, kde se střídají vlhká a suchá místa, můžeme často potkat zmiji obecnou, která „čichá" pomocí svého jazyku.

Ehemaliges Kulturland und dunkler Fichtenwald begegnen einander bei Unterlichtbuchet (Dolní Světlé Hory).
Někdejší kulturní krajina a temné hvozdy se setkávají u Dolních Světlých Hor.

An einem kalten Wintermorgen überquert ein Luchs die Waldlichtung.
Za chladného vlhkého rána křižuje rys lesní paseku.

Birkenstamm, dem anzusehen ist, dass er allen Witterungen getrotzt hat.
Kmen břízy vydává svědectví o drsném životě v šumavském horském počasí.

Baumhöhlen sind ein Schutz vor allem Wetterungemach, aber auch ein Versteck für den nachtaktiven Waldkauz.

Opuštěné dutiny stromů mohou nabídnout úkryt pro puštíka obecného přes den. Na lov se vydává až v noci.

Der Seeadler kommt nicht nur an den böhmischen und bayrischen Weiherlandschaften vor, auch im Nationalpark Sumava ist er inzwischen Brutvogel.
Orel mořský nežije jen na rybnících v Čechách či v Bavorsku, ale zahnízdil již i v divočině Národního parku Šumava.

Das Biosphärenreservat von Třeboň (Wittingau) beherbergt eine reiche Wasservogelwelt.
Biosférická rezervace Třeboňsko je vodním rájem pro mnohé zástupce ptačí říše.

Spektakulärer Höhepunkt des zeitigen Frühjahrs im Moor:
Die Balz der Birkhähne.

Vrcholným představením brzkého jara je na šumavských rašeliništích tok tetřívka obecného.

Auf dem Gipfel der Platte findet zwischen Granit und Fichtenwald ein kurioses Aufeinandertreffen von Wetterkontrasten im Spätherbst statt. Nach dem Dürresommer haben die Heidelbeeren noch einmal hellgrün ausgetrieben, ehe der Winter mit Nachfrösten und Raureif dem „Spätfrühling“ ein Ende bereitet.

Na vrcholu hory se mezi žulou a smrky objevil při pozdním podzimu kuriózní obrázek: Po suchém létě vyrašily po podzimním dešti na borůvčí čerstvé lístky jako na jaře a ranní mrazíky zas ozdobily jinovatkou všechny keře.

Der wendige Sperber hat einen Staren erbeutet, der gerade im Brutrevier eingetroffen ist. Ein für den Staren unglückliches Zusammentreffen in der offenen Landschaft, aus der der Greifvogel die Beute in sein Revier, den angrenzenden Fichtenwald trägt.

Obratný jestřáb ulovil špačka, který se na Šumavu vrátil z teplého jihu k jarnímu páření. Toto pro špačka nešťastné setkání se odehrálo v otevřené krajině, odkud si dravec svoji kořist odnáší do blízkého smrkového lesa.

Der Uhu ist mit seiner „Adlergröße“ eine imposante Erscheinung, wenn er denn je in Erscheinung tritt, zumal er sich trotz seiner Größe gut zu verstecken weiß.

Výr velký představuje svou „orlí“ velikostí impozantní zjev. Když roztáhne svá křídla, tak se i přes své rozměry dokáže v okamžiku ukrýt v korunách stromů.

Fichtenwald am Kubany im Nebel: Für einen Augenblick bricht goldenes Abendlicht durch eine Wolkenlücke.
Smrky na Boubíně v podvečerní mlze: Ještě na okamžik se proderou zlaté paprsky skrz mraky.

Höllenschwarz und himmelzart

Vládci noci vzývají den

Sternenkreise über winterlich kahlen Bäumen.
Kružnice hvězd nad holými stromy zimní Šumavy.

Der Mond geht auf über einer Waldlichtung im Fichtelgebirge.
Východ měsíce nad lesní mýtinou ve Smrčinách.

Höllenschwarz und himmelzart

Das Widersetzliche gehört zusammen, so wie räuberisch „starke“ Wesen der „schwachen“ Beute bedürfen und umgekehrt Beutetiere ihre Verfolger im Zaum halten, indem sie sich rar machen. Stark und Schwach, Leben und Tod, Himmel und Hölle, tiefschwarze Nacht und goldglänzendes Licht: jedes Extrem ist nur das eine im anderen. Das zarte Rostrot des morgendlichen Himmels wird in der nachtblauen Dunkelheit geboren.
Noch in vollständiger Finsternis hat das herbstliche Rotkehlchen seine perlende Strophe gesungen. Woher wusste es, dass der Tag naht? Wo doch das graue Dämmern des Novembertags so lange auf sich warten lässt. Seit 6 Uhr morgens kämpfen die Menschen mit elektrischem Licht gegen die Nacht an, wenn sie denn überhaupt noch Dunkelheit zulassen. Die schwarze Nacht ängstigt den Menschen, der auch in seiner Seele eine kaum ergründbare Nachtseite weiß. Unzählige Tiere dagegen schätzen die Heimlichkeit der Dunkelheit, mit viel feineren Sinnen erfassen sie ihre Welt umfassender, als es die menschlichen Augen tagsüber vermögen. Wer im nächtlichen Wald lauscht, der hört es rascheln, wispern, schnaufen und flattern. Sanfte Glockenlaute des Raufußkäuzchens verbreiten sich wellenförmig über Hunderte von Metern. Die eigentlichen Geschöpfe der Nacht, die Fledermäuse, durchzucken die Finsternis. Irgendwo scharrt ein Dachs im Waldboden. Seine Gestalt löst sich gegen den Boden auf, aber die schwarzweiße Maske hebt sich noch schwach ab. Wenn die Nächte im Juni am kürzesten sind, schweben die Nachtlaternen der Glühwürmchen dicht neben dem schnüffelnden Dachs. Tiere brauchen die Nacht, um sich den Zudringlichkeiten der allgegenwärtigen Menschen

Die schwarz gefärbte Kreuzotter wird auch Höllenotter genannt.
Na Šumavě se vyskytuje také černá varianta zmije obecné.

zu entziehen. Sie kennen keine Angst vor der Dunkelheit, vielmehr schärft diese ihre Sinne. Nicht alle haben Eulenaugen - Geruch, Gehör und Tasthaare leisten ebenfalls wertvolle Dienste.
Warum es auch tagaktive schwarze Tiere gibt, dafür können wissenschaftliche Erklärungen des Melanismus herhalten, die Natur arbeitet aber nicht ausschließlich nach rational-„vernünftigen“ Gesichtspunkten, formuliert aus den Nützlichkeitserwägungen menschlichen Bewusstseins. Die Natur ist duldsam, geduldig und großzügig auch in ihrer Wildheit und ihrem Spiel mit dem Zufall. Der Darwinismus des 19. Jahrhunderts hat hingegen die Naturgeschichte als permanenten Kampf im Sinne der Höherentwicklung interpretiert. Der Konkurrenzkampf des Manchester-Kapitalismus stand Pate für die Evolutionstheorie. Fast immer wurden die Kräfte der Natur und ihre nicht-menschlichen Wesen aus einem eingeschränkten Blickwinkel gesehen, mit der Entstehung der Industriegesellschaft als auszubeutende Ressource, in früheren Jahrhunderten vor der Aufklärung engstirnig sortiert nach Nützlichkeit und Gefährlichkeit, eben auch als Mächte des Bösen. So hätten sich die finsteren Mächte in der schwarzen Kreuzotter verewigt ... Geliebt wurden und werden solch schwarze Gesellen

wie Krähen und Kreuzottern ohnehin nie, eher mit Tod und Hölle assoziiert.
Dass die Höhlenspinne, metallisch schimmernd, völlig „sinnlos“ Farbe in der lichtlosen Dunkelheit von Felshöhlen verschwende, leuchtet uns Menschen genauso wenig ein wie die himmelzarte Pracht von beschuppten und gläsrig durchsichtigen Schmetterlingsflügeln, die als Kunstwerk nur ein paar Tage Bestand haben. Was wir allerdings in der Nacht verpassen, das garantiert uns der helllichte Tag keineswegs. Der heimliche Schwarzstorch steht nur an versteckten Waldtümpeln, und die dicht behaarten, violett überhauchten Blüten der Frühlingsküchenschelle in vollendeter Grazie finden sich nur sehr selten auf Böden mit Gneisgrus. Letztere erzählen von der Eiszeit, so wie das auch der Dreizehenspecht tut. Den Buntspecht kannten einmal alle, genauso wie die Gemeine Küchenschelle – aber auch diese Zeiten neigen sich dem Ende zu. Um wieviel kostbarer sind da die Relikte aus Äonen, als der Mensch noch kaum in die Ökosysteme einzugreifen vermochte.
Das grelle Licht des Sommersonnentags ist alles andere als himmelzart. Momente des Lichtglücks finden zu anderen Tages- und Jahreszeiten statt. Sie verstecken sich im Alltag des gewöhnlichen Lichts wie scheue Tiere. Man kann sie nicht aufstöbern, muss stattdessen die Zeichen des Wetters wie Tierspuren deuten. Nach dem Regenguss an einem warmen Sommertag reißen die Wolken auf, wobei die Feuchtigkeit der gesättigten Böden verdampft und Geysiren gleich aus dem Waldesdunkel in die abgekühlte Luft aufsteigt. Nur das Gegenlicht der schräg stehenden Abendsonne taucht diese wabernden Säulen in warmes Licht. Immer wieder sorgt Licht für unvergleichlich stimmungsvolle Momente, wenn sich die triefenden Bäume nicht nur als dunkle Konturen gegen den goldenen Wasserdampf abzeichnen, sondern auch noch Schatten auf die flüchtigen Schwaden werfen. Nachdem sich diese verzogen haben oder die Sonne hinter einer Wolke verschwunden ist, ist der kurze Tagtraum vorüber. Alles erscheint wieder prosaisch, so wie der Tümpel nach dem Abflug des Schwarzstorchs.
Die langen Januarnächte mit Dämmerung bis in den Vormittag wollen gar kein Licht zulassen. Umso befreiender die feinen Farben nach dem späten Sonnenaufgang: hellgrau und zartblau spannt sich der Winterhimmel über die erstarrte Natur. Schnee verändert das Licht grundlegend und wirkt an den Rändern des Januartags als Weichzeichner und Softbox. Unvergleichlich die Blau-, Rot- und Orangetöne, die der Wintersonnenaufgang auf Schneefelder und raureifbehangene Bäume zaubert. Nirgendwo bin ich der Alltäglichkeit mehr entrückt als auf winterlichen Berghöhen des Mittelgebirges, die nur knapp über die Nebeldecke ragen. Am Abend, der eigentlich ein Nachmittag ist, findet die Farbumkehr des Morgenlichts statt: die warmen Farben weichen und die Blautöne zeichnen die Landschaft. Der Nebel, im Mittagslicht kurz gebändigt, steigt wieder auf. Als schwarze Schemen ragen Bäume und Felsen in den Nachthimmel, an dem die Sterne ihre Bahn ziehen. Irdisches und Überirdisches fließen zusammen.

Am versteckten Waldteich steht der heimliche Schwarzstorch.
V úkrytém lesním rybníčku loví tajemný čáp černý.

Der Fichtenwald dampft im Abendlicht nach einem Sommergewitter.
Po letní přeháňce stoupá pára ze smrkových lesů za večerního světla.

Der schwarzweiße Baumweißling wirkt besonders zart und zerbrechlich. Die gläsrigen, schwarz geäderten Flügel lassen den blauen Himmel durchschimmern.

Tento černobílý bělásek ovocný působí velmi jemným až křehkým dojmem. Modrá obloha prosvítá křídly s černým žilkováním jako skrz sklo.

Im vollkommenen Dunkel einer Höhle hängt diese Höhlenspinne von der Decke.

V dokonalé tmě jeskyně číhá tento křižák temnostní na svoji kořist.

Die Sonne kämpft sich früh morgens über den dunklen Fichten des Böhmerwalds durch die Wolken.
Slunce se prodírá skrz mraky brzy ráno nad tmavými smrčinami Šumavy.

Ein Blitz zerreißt das Dunkel und taucht den Himmel in violettes Licht.
Blesk rozráží temnotu a osvětluje oblohu do fialova.

Offenland im Böhmerwald bei Haidl am Ahornberg (Kepelské Zhůří) und Hohenstegen (Vysoké Lávky) erinnert daran, dass sich an diesen Stellen einmal Dörfer befanden, die nach Krieg und Vertreibung aufgegeben werden mussten. Mächtige Ahorne haben die Wüstung überlebt.

Bezlesá krajina u Kepelského Zhůří a u Vysokých Lávek připomíná vesnice, které museli jejich němečtí obyvatelé po válce nuceně opustit. Jen mohutné javory zde rostou stále.

Sternennacht am Dreisesselberg mit seinen Granittürmen.
Třístoličník se svými žulovými věžemi za hvězdné noci.

Ein Braunes Langohr kommt bei Dunkelheit aus einem Kellergewölbe geflogen.
Netopýr ušatý vylétá, když se setmí, z jakéhosi opuštěného sklepa na noční lov.

Vögel, die sich im Bergwald aufhalten, oft im Dunkel des Walds: Tannenhäher und Ringdrossel.
Ptáci, kteří se nejčastěji zdržují ve stínu horského lesa: ořešník kropenatý a kos horský.

Nebel hält sich in den moorigen Tälern des Böhmerwalds, auch wenn die Sonne aufgegangen ist.
V šumavských údolích plných rašelinišť se drží mlha, i když slunce již dávno vyšlo.

Im letzten Licht des Sommerabends taucht der nachtaktive Dachs auf.
Jezevec vylézá z nory v letě již před setměním, i když je jinak aktivní až v noci.

Es hat geregnet bei Waldhäuser im Nationalpark Bayerischer Wald. Aus den Waldtälern steigen Nebelschwaden auf.
Je po dešti a z lesních údolí u Waldhäuser v Bavorském lese stoupají vzhůru cáry mlh.

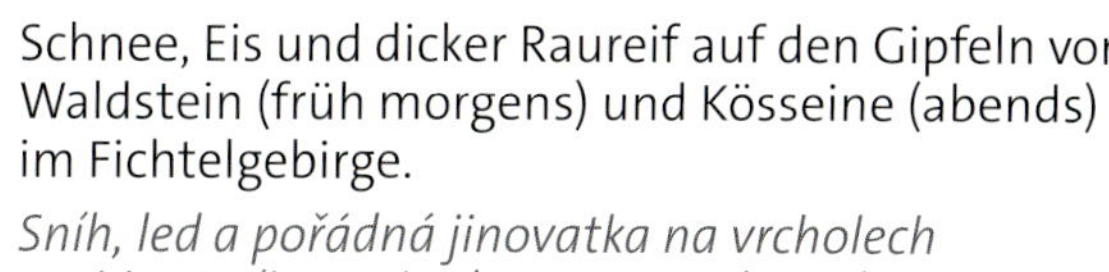

Schnee, Eis und dicker Raureif auf den Gipfeln von Waldstein (früh morgens) und Kösseine (abends) im Fichtelgebirge.

Sníh, led a pořádná jinovatka na vrcholech Waldstein (brzy ráno) a Kösseine (večer) v pohoří Smrčiny.

Im Oberpfälzer Wald hat an wenigen Stellen das Eiszeitrelikt Frühlingsküchenschelle überlebt.
Koniklec jarní přežívá v Hornofalckém lese na několika málo místech jako relikt doby ledové.

Auf den mageren Waldhufen bei Bischofsreut blühen Knabenkräuter.
Na chudých loukách u Bischofsreutu květou prstnatce psatřící k orchidejovitým.

Nachfolgende Seiten: Von Böhmisch Röhren (České Žleby), wo einmal der Eiserne Vorhang verlief, schweift der nächtliche Blick über das bayrisch-tschechische Grenzgebirge mit dem Lusen im Hintergrund.
Následující strany: Od Českých Žlebů, kde kdysi probíhala „Železná opona", přehlédneme česko-bavorské hraniční pohoří až k Luznému na horizontu.

Das „Auge“ aus dem Laichballen.
„Mrkající“ oko žabích jiker.

Unbekannt und archaisch

Archaicky neznámá

Liebesspiel der Moorfrösche.
Milostné hrátky skokana ostronosého.

Unbekannt und archaisch

Zum ersten Mal wärmt die Märzensonne Wald, Wiese und Wasser. Noch hält die Natur das keimende Grün zurück, schließlich könnte in ein paar Tagen der Winter zurückkehren. In Erwartung des bevorstehenden Blattaustriebs atmen Sträucher und Laubbäume die Form des künftigen Blattwerks. Hummeln umschwirren die frühen Blütenkätzchen der Weiden. Der Pfad über vertrocknetes Laub führt zu einem moorigen Tümpel. Schon aus größerer Entfernung ist der unbeschreibliche Klangteppich der paarungsbereiten Moorfrösche zu hören. Ein sanftes Blubbern erfüllt die Luft, das anschwillt und dann wieder abebbt. Das Gebüsch gibt jetzt den Blick frei auf die Wasserfläche des Tümpels, dessen grasiger Grund im moorigen Braun des seichten Wassers das beste Versteck für die kleinen Frösche abgibt. Bei der leisesten Erschütterung tauchen sie ab, das Rufkonzert ist dann abrupt verstummt. Meine Annäherung haben die Moorfrösche nicht bemerkt, in einer besonnten Ecke hat sich die Gruppe der himmelblauen Männchen eingefunden, gleichsam an der Wasseroberfläche hängend, in erstarrter Pose trotz vibrierender Rufe. Kommt ein weiterer Frosch hinzu, schwimmen alle aus der Gruppe auf ihn zu, ein neues Gruppenbild formend. Immer neue Formationen entstehen durch Hinterher-Schwimmen, Umringen und neuerliche Wartestellungen. Auf das Eintreffen der braungefärbten Weibchen wird gewartet. Je mehr die Märzensonne das Wasser erwärmt, desto fordernder wird das Blubbern. Die aus dem Wasser ragenden Köpfe und Flanken glänzen im sanftesten Himmelblau. Ich stehe dabei und fühle mich wie der Beobachter einer

Schneeskulpturen auf dem Dreisesselberg.
Sněhové sochy na Třístoličníku.

Gruppe spielender Kinder, als dürfte ich das unschuldige Spiel gar nicht belauschen. Für die Moorfrösche gibt es nur diese Tage im Frühling, die Wärme von Luft und Wasser heizt ihre Stimmung an. Den ganzen langen Winter haben sie auf diese Momente gewartet. Es sind Momente aus der Frühzeit, die ich am Moorweiher erlebe, eine Welt ganz und gar nicht auf den Menschen bezogen, eher ein Geheimnis, das die Tiere seit Urzeiten für sich bewahrt haben und dem ich als Zaungast beiwohne. Es geht nur um diesen Augenblick, in dem sich die paarungsbereiten Weibchen und Männchen in einer blauen Welt begegnen. Am nächsten Tag bezeugen die Laichklümpchen, dass die Paarung erfolgreich war. Rufende Männchen sorgen wieder für Klangkulisse und Synchronschwimmen.

Seltene Tiere und Pflanzen haben immer diese Aura des Unbekannten und Fremdartigen. Aber auch das vermeintlich Vertraute nimmt in ganz besonderen Momenten magische Züge an: der im Liebeswerben flatternde Star mit seinem

Das „Auge" aus der Wolkendecke.
Nebeské „oko".

Aus Bergfichten und Wurzeltellern sind Fabelwesen entstanden.
Horské smrky a kořenové vývraty vytvořily nadpřirozené bytosti.

Perlenkleid, die dornenbewehrte Schmetterlingsraupe, die Bäumchen und Wurzelteller, aus denen auf winterlichen Bergeshöhen Frost und Feuchtigkeit Schneeskulpturen gezaubert haben. Der Natur gelingt jeder Moment, keine Bewegung erscheint überflüssig, alles geschieht in Anmut. Tiere und Pflanzen verkörpern vollendete, sinnvolle Form. Alles ist dem Augenblick geschuldet, in dem Idee und Anschauung zusammenfallen. Nichts wirkt gekünstelt. Der uralte Rhythmus des ersten Kapitels der Geschichte des Lebens wird in unendlichen Variationen musiziert.

Die schönsten Momente der Naturbegegnung, an denen wir Menschen teilhaben dürfen, ereignen sich ungeplant und unvorhersehbar. Kaum eine Blume erscheint so spukhaft wie die „Geistorchis". Alles an ihr wirkt urtümlich: keine Blätter, kein Blattgrün, nur ein kahler Stiel, an dem die verdrehte Blüte hängt. Der Widerbart blüht in alten Wäldern, sein wächsernes Erscheinungsbild mit der purpurn schimmernden Lippe kann aber jahrelang ausbleiben. Dann taucht sie plötzlich wieder auf, an dunklen Stellen, wo andere Pflanzen nicht mehr existieren könnten.

Die Wunderwelt des Mikrokosmos findet seine Entsprechung in der archaischen Schönheit großer ungestörter Landschaften. Unserem Blick entzieht sich dieser Makrokosmos sehr häufig. Nur von oben offenbart sich das harmonische Mosaik von Natur- und alten Kulturlandschaften. Flussläufe formen scheinbar sinnlose Mäander oder Herzen, Baumgruppen und Pflanzenteppiche nehmen die Gestalt von abstrakten Figuren und Zeichen an. Immer sind es Wellenlinien und runde Formen – die gerade Linie und das Rechteck wurden der Landschaft durch den Menschen aufgezwungen: ein Irrweg. Oder die Natur verästelt sich, so wie Flüsse sich in Bäche oder Bäche in Rinnsale verästeln. Und die wohlgeformte ovale Form der belaubten Linde löst sich nach dem Blätterfall in ein anarchisch ungeordnetes Geäst auf. In der Welt des Mikrokoskosmos wiederholen sich die Formen, als würde das Große im Kleinen nachhallen. Wie ein Südseekorall wächst der Ästige Stachelbart auf toten Buchen von Naturwäldern, aus einem dicken Strunk verzweigt er sich wie ein Baum in immer feinere Äste. Nur auf totem Holz wächst er, in Urwäldern zieren die Ästigen das Buchentotholz und Tannenstachelbärte absterbende, meist noch stehende Tannen.

Von Menschen im Großen oder Kleinen geschaffene Zweit-„Natur" entbehrt durchweg des Lebendig-Organischen, je mehr bewusste Anstrengung, desto mehr Gezwungenheit, desto weniger Anmut. Unsere heutige Sehnsucht nach der Wildnis entspringt der sinnlichen Leere, die menschengemachte Funktionslandschaften in

Gefrorener Wasserfall im Fichtelgebirge.
Zamrzlý vodopád ve Smrčinách.

uns hinterlassen. Was für ein Reichtum, den der ungestörte Bergbach entfaltet! Welche vorwitzige Lebensfreude und Anmut die aus dem Wasser auftauchende Wasserspitzmaus besitzt! Welche wild-fremde „Power" von Adlern, Bären oder Wölfen! Da ist nichts prätentiös, gekünstelt oder vorgespielt.
Wildnis gibt es in Mitteleuropa kaum noch, allenfalls ein paar Landschaften jenseits des Big Business. Aufgrund seiner besonderen Geschichte hat grenznah in Böhmen ein Stillstand der Zeit „alte" Kulturlandschaft wie aus einem verblichenen Fotoalbum konserviert. Aufgehoben im heutigen Nationalpark Šumava hat extensive Landwirtschaft als Offenland überlebt. Zwar bewirtschaften keine Bauern mehr das alte Land, stattdessen der Nationalpark, aber die Alleen, Steinreihen, Hecken, einzeln stehenden Linden, Ahorne, Salweiden, Birken oder Ebereschen sowie die blumenbunten Berg- und Sumpfwiesen erzählen als archaische Landschaftsmonumente die Geschichte der Besiedlung des Böhmerwalds. Vor einem Menschenleben noch weit verbreitet in Deutschland, weckt diese alte Landschaft Erinnerungen an Zeiten, als Menschen und Natur noch viel mehr im Einklang standen. Eine solche Landschaft ist in Kahlschlag-Deutschland heutiger Prägung fast völlig verschwunden, obwohl sie so mancher Zeitzeuge im Kindheitsgedächtnis aufbewahrt hat.

Bergbäche zwängen sich durch Urgestein.
Horské potoky se prodírají skrz balvany a skály.

Die „Geistorchis“ Widerbart blüht nah an einem Rinnsal im Kubany-Urwald.

Sklenobýl bezlistý, fantom mezi orchidejemi, vykvetá jednou za několik let u jediného potůčku v Boubínském pralese.

Der Ästige Stachelbart, bizarre Pilzrarität an Buchentotholz.
Korálovec bukový, jedinečná rarita na tlejícím dřevě buků.

Holzskulptur ohne Bildhauer.
Dřevěná socha bez vlastního sochaře.

Die Blätter des Bergahorns verfärben sich, das Atelier Natur hat noch für ein paar Punkte gesorgt.
Listy javoru se barví nejčastěji do žluta a příroda v roli umělce se postarala ještě o pár teček navrch.

Die Wasserspitzmaus sitzt im seichten Wasser des Bergbachs und scheint zu lächeln.
Rejsec vodní sedí v mělkém horském potoce a jakoby se usmívá.

Bereifte Blätter der Schlehe.
Ojíněné listy trnky.

Eine saftig runde Heidelbeere hängt noch, obwohl die Herbstfröste die Blätter schon tiefrot gefärbt haben.
Šťavnatá kulatá borůvka se ještě drží, ale listy zbarvily podzimní mrazíky již mnoha odstíny barev.

Bizarr schöne Raupe des Nachtpfauenauges auf einem Granitstein.
Nádherná housenka martináče na žulovém podkladu.

Eine Baumgruppe aus Birken und Fichten formt eine Acht im Moor.
Skupina stromů složená z bříz a smrků vepsala osmičku do rašeliniště.

Das neue Herz der Moldau.
Nové srdce Vltavy.

Aus Österreich kommend schlängelt sich die Lainsitz (Lužnice) ins böhmische Becken. Wie viele Flüsse dürfen noch so frei fließen?
Od pramene v Rakousku se klikatí řeka Lužnice směrem do české kotliny. Kolika řekám je ještě dovoleno takto svobodně téci?

Ihm ist nicht kalt. Der Steinschmätzer hat es sich im Frühling auf einem Granitfelsen bequem gemacht und seine Federn aufgeplustert.
Tomu zima není! Vzácný bělořit šedý nabírá na sluníčku na prohřáté žule teplíčko, kterého je po jeho příletu na jaře zatím poskrovnu.

Baumstark und steinreich

Pověsti ožívají

Ihr ist kalt. Aufgeplustert sitzt die Kohlmeise in der eisstarrenden Buchenkrone.
Té musí být zima! Sýkora koňadra načechraná v koruně buku ztuhlé mrazem.

Buchenstämme in einem Urwaldrelikt. Sie Stämme sind von Baumpilzen übersät.
Buky ve zbytku pralesa mají kmeny poseté stromovými houbami.

Baumstark und steinreich

Bäume und Steine waren einmal Archetypen des kollektiven Unterbewusstseins einer Kultur: ob als Weltenbaum, Baum der Erkenntnis oder Stein der Weisen. Damals hätte sich noch niemand vorzustellen vermocht, dass sie einmal einem vermeintlichen Fortschritt im Wege stehen könnten. Bäume oder Felsen müssen heute allen möglichen „Fortschritten" und Baumaßnahmen weichen. Oder sie werden geerntet mit dem „Harvester" und pulverisiert aus purem Rohstoffhunger. Sie dürfen auch nicht mehr alt werden und natürlich sterben. Wo sind die Baumgiganten geblieben, die tatsächlich drei Sphären durchschreiten, die Unterwelt, die irdische Welt der Menschen und den Himmel, in den sie hinein ragen? Jede Landschaft hat ihren Charakterbaum und -stein. Sowohl Eiche, Linde, Ahorn als auch Granit, Kalkstein, Schiefer waren Angelpunkte des Naturbewusstseins, die aber auch tief in die Kultur und Mentalität der Menschen hinein gereicht haben, ob als Opferstein oder als Gerichtsbaum. Dafür musste ihnen aber auch der Atem der Geschichte anhaften. Das Alter eines Baums oder eines Felsens übersteigt bei weitem das Leben einer oder vieler Generationen. Sie waren immer vor uns da. Ganze Wälder solcher Baumtitanen nennt man Urwälder, ob in den Tropen oder in der gemäßigten Zone, Urgebirge ist die Bezeichnung für die geologisch ältesten Berge. Solche Urgebirge ziehen sich auch durch Europa, und im Schatten des Eisernen Vorhangs haben sich sogar einige Urwaldrelikte an den Hängen der Urgebirge erhalten. Welcher Luxus heutzutage, einfach stehen gelassen zu werden! Oder nicht lächerlich gemacht zu werden als kitschige Baumwurzelfigur im Vorgarten, als überflüssiges Steinmännchen an jedem x-beliebigen Wanderweg oder als geschredderter Stein im Gabionen-Gefängnis!

Böhmen und Ostbayern sind an manchen, wenigen Stellen baumstark und steinreich. Materielle Engpässe nach dem Krieg und die Entsiedelung ganzer Räume während des Kalten Kriegs waren offensichtlich ökologischer als die darauf folgenden Zeiten des mitteleuropäischen Friedens und Wohlstands. Staunend stehen wir heute vor Granittürmen und Baumriesen. Vögel verhalten sich da profaner. Die winzige Meise sitzt einfach in der riesigen Buche, und der Steinschmätzer auf dem Fels verhält sich einfach nur namensgerecht. Manch andere können gar nicht anders als urwüchsig zu leben. Was sollen Urwaldarten wie der Weißrückenspecht oder der Zwergschnäpper ohne Urwald? Nur noch in solchen Relikten der ehemaligen Urwälder leben diese Vögel. Auch wenn sie noch so winzig sind, können sie im Allerwelts-Monokultur-Wald nicht überleben. Auch wenn es davon massenhaft gibt. Eichen-Veteranen, wie sie noch in der natürlichen Weiherlandschaft bei Budweis (Tschechien) vorkommen, sind wahre Wohn- und Lebensgemeinschaften für heimliche Tiere: von den Mulmkäfern über den Iltis im Wurzelstock bis hin zu den höhlenbewohnenden Halsbandschnäppern. Buchenurwälder sind eine Besonderheit Mitteleuropas: vom Steigerwald oder dem Bayerischen Wald bis in die Slowakei und Ukraine und die Weite der rumänischen Karpaten. Überall droht ihnen das Ende: aus Profitdenken und Geldgier, aus Dummheit und Kurzsichtigkeit, Rücksichtslosigkeit und Brutalität. Diese schlimme Re-

Als Urwaldart kommt der Weißrückenspecht nur in alten Naturwäldern vor.

Strakapoud bělohřbetý je pralesní druh, který se vyskytuje pouze v přírodních lesích.

Felsen und reifer Buchenhochwald bei Böhmisch Röhren (Ceske Sleby).
Skály a prastaré bučiny u Českých Žlebů v jižní části Šumavy.

alität wird auch noch sprachmanipulativ verklärt mit solchen Begrifflichkeiten wie „nachwachsender Rohstoff", „CO2-neutrale Energiegewinnung", „Wirtschaftswachstum für strukturschwache Regionen".

Wer den Reichtum urtümlicher Wälder erleben möchte, der möge das Höllbachgspreng im Nationalpark Bayerischer Wald oder den Kubany-Urwald im Nationalpark Šumava besuchen. Wir haben nur noch diese kleinen Reste, ob künftige Wälder wieder heran reifen dürfen oder können, das ist ungewiss. Die ausgedehntesten Urwälder Europas finden sich heute noch in Rumänien, stark bedroht von der Vernichtung, ausgerechnet in Zeiten der europäischen Einigung von Ost und West.

Alte Bäume sind unbezahlbar, ihr Wert hat nichts mit irgendwelchen „Märkten" zu tun. Allein das ganzjährige Farben-Schauspiel eines Ahorn-Veteranen sucht seinesgleichen. Wenn auf den rauen Schachten im Bayerischen Wald oder dem Offenland verschwundener Dörfer im Böhmerwald die uralten Ahorne grünen, dann treiben die lappigen Blätter gleichzeitig mit den hellgrünen Blüten aus. Acer pseudoplatanus, unser Bergahorn, ähnelt wirklich einer Platane. In trivialen Reiseführern ist dann auch die Rede von einer „Platanenallee" im Böhmerwald, dort wo klimatisch eben der Bergahorn zu Hause ist, aber nicht die Platane. Wer kennt schon noch Bäume? Ein Gespräch über Bäume nannte Brecht noch „fast ein Verbrechen" in verbrecherischen Zeiten. Dabei bewunderte er sie, den Baum „Griehn" ob seiner Unerbittlichkeit, mit der er dem Sturm getrotzt habe. Zu bewundern gibt es an einem Ahorn unendlich viel, nach dem Lindgrün dominiert im Sommer das satte Grün der Blätter mit graugrüner Unterseite. Die ersten Herbstfröste lassen die Bergahorne auflodern in schreienden Gelb- und Orangetönen, die in ein tiefes Rot münden. Jedes Blatt ein Kunstwerk, „verziert" durch Fraßspuren von Parasiten oder Ahornrunzelschorf. Wie in einem Regen von Propellern segeln die Nüsschen jetzt vom Baum herab. Mit dem Blattfall im Oktober ist die Schönheit des Bergahorns noch nicht zu Ende, jetzt tritt die urgewaltige Baumgestalt erst richtig hervor. Die schuppige Rinde am mächtigen Stamm erinnert an Urwesen vor dem Auftauchen des Menschen. Der scheinbar tote Granitfels, ganz in der Nähe unseres Bergahorns, hat auch seinen Lebenszyklus im Lauf eines Jahres. Von Flechten bewachsen blüht er auf im Frühling, und die winzigen roten Blüten der Becherflechte besprenkeln das Steingrau. Wo es im Urwald feuchter ist, überziehen saftige Moospolster die Felsen.

Baum und Stein stehen für Stärke und Härte, vollends wenn sie vor dem Schnee in November-Nässe schwarzgrau an Eisen und Stahl erinnern. Dass das Weiche über das Harte siegt, ist auch in der Welt von „Baumstark und steinreich" erlebbar. Nicht nur das Wasser arbeitet an Stein und Holz, federleichte Wesen wie Meisen, Schnäpper und Steinschmätzer ruhen auf ihnen, tanzen in den Zweigen und vermehren sich in Baum- und Steinhöhlen. Auch sie gehören in diese über-menschliche Welt der Kraft und Dauer.

Der Grauspecht hat seine Höhle in einem Kieferntorso bezogen.
Žluna šedá obsadila dutinu v torzu borovice.

Urwaldrelikt im NP Šumava.
Pralesní zbytek v Národním parku Šumava.

Geräuschlos gleitet der Habichtskauz durch den Hochwald im Bayerischen Wald.
Puštík bělavý neslyšně klouže tichem horského lesa v Bavorském lese.

Der Kobold unter den Eulen ist der nur kleinvogelgroße Sperlingskauz.
Skřítka mezi sovami představuje kulíšek nejmenší.

Am Gipfel des Dreisesselbergs versinken die Granitfelsen und Bergfichten im tiefen Schnee.
Na vrcholu Třístoličníku se ztrácejí žulové bloky i horské smrky pod vrstvami sněhu.

Am Berg Stozec befindet sich eine wilde Fels-Urwald-Zone.
Na hoře Stožec se rozkládá divoký prales na skalách.

Mächtige Ahorne auf einer weiten Lichtung, wo sich einmal das Dorf Haidl am Ahornberg (Zhůří) befand.
Mohutné javory uprostřed luk, vedle nichž dříve stály domy vesnice Zhůří u Keplů.

Uralte Eichen säumen die Straßen und Weiherränder im Biosphärenreservat Třebon.

Mohutné duby vysázeli naší předci podél cest a na hráze rybníků v dnešní biosférické rezervaci Třeboňsko.

Heimlicher Bewohner eines Wurzelstocks am Weiherrand: der Iltis.

Utajený nájemník pařezu na hrázi rybníka: tchoř tmavý.

Mächtiger Buchenveteran in Böhmen.
Bukový veterán kdesi v jižních Čechách.

Höhlenreiche Eichen bewohnt der Halsbandschnäpper.
Lejsek bělokrký obývá četné dutiny ve starých dubech.

Alte Bergfichtenwälder mit viel Totholz benötigt der spezialisierte Dreizehenspecht.

Datlík tříprstý je specialista na staré horské smrčiny s množstvím tlejícího dřeva.

Liegendes Totholz wird von Pilzen besiedelt. Links eine Gruppe von Dünnstieligen Helmlingen, rechts der riesige Schuppige Porling.
Ležící tlející dřevo osidlují houby. Vlevo skupina štíhlých vytáhlých helmovek, vpravo obří choroš šupinatý.

Das Weibchen des sehr seltenen Großen Eisvogels fliegt in der Krone einer Pappel.

Samička velmi vzácného bělopáska topolového se drží v blízkosti svého „domovského" topolu.

Laubwaldinseln im Nadelwald und Lichtungen erhöhen die Biodiversität.

Ostrovy listnáčů uprostřed moře jehličnanů a mýtiny zvyšují jednoznačně druhovou rozmanitost.

Ein solitärer Ahorn-Methusalem auf einem Schachten in NP Bayerischer Wald.

Solitérní javorový Metuzalém na tzv. šachtě, tj. horské pasece, v Národním parku Bavorský les.

Das scheue Haselhuhn bei der Balz im unterholzreichen Mischwald.
Plachý jeřábek lesní při toku v podrostu smíšeného lesa.

Neugierig schaut der Raufußkauz aus seiner Bruthöhle.
Zvědavě vykukuje sýc rousný ze své hnízdní dutiny.

Über die Schieferfelsen des Ossergipfels schweift der Blick nach Bayern (links) und nach Tschechien (rechts).
Přes výchozy břidlic na Ostrém klouže pohled do Bavorska (vlevo) a do Čech (vpravo).

Ein paar Elche haben sich in den Böhmerwald „verirrt“ und leben an feuchten Stellen nahe dem Moldau-Stause.
Několik losů „zabloudilo“ na Šumavu a obývají vlhká místa na pravém břehu lipenské přehradní nádrže.

Im September beginnt die Brunft des Rothirschs.
V září začíná jelení říje.

Naturnahe Weiherlandschaften in der Oberpfalz – neuerdings wieder Brutplatz für die Kraniche.
Přírodě blízká rybníkářská oblast v Horní Falci se nedávno stala opět hnízdištěm jeřábů.

Die Kraniche sind als Brutvögel wieder nach Ostbayern und Böhmen zurück gekommen.
Jeřábi opět hnízdí ve východním Bavorsku a v Čechách a cítí se tu jako doma.

Gute Nachbarschaft

Der Bildband wäre so nicht zustande gekommen ohne die großzügige Förderung durch den Deutsch-Tschechischen Zukunftsfonds in Prag, der Publikationen fördert, die nachhaltige Bedeutung für die Annäherung zwischen Deutschen und Tschechen haben.
Seit Jahren arbeitet Berndt Fischer mit tschechischen Naturschützern zusammen. Für die freundliche Unterstützung durch den Nationalpark Šumava gilt besonderer Dank dem Leiter des Parks Pavel Hubeny, und dessen Vorgänger, dem Entomologen Alois Pavlicko.
Außerdem hat der Autor fundierte Hilfe durch den Biologen Dr. Lukas Simek erhalten.
Eine besondere Freundschaft und Hilfsbereitschaft erfuhr er durch den tschechischen Germanisten Josef Stemberk, Mitarbeiter des Nationalparks. Erst durch ihn und seine feinfühligen Übersetzungen ins Tschechische ist es möglich geworden, aus dem Buch wirklich ein deutsch-tschechisches Projekt zu machen.
Zum „vertrautesten Nachbarn“ ist dem Autor die Natur Böhmens geworden, die er seit langen Jahren als seine Seelenlandschaft immer wieder und in allen Jahreszeiten aufsucht.

Berndt Fischer

Fast sein ganzes Leben lang hat es Berndt Fischer in die abgeschiedene Natur von Grenzregionen gezogen. Lange vor der Öffnung des Eisernen Vorhangs hat er immer wieder den Schritt nach Osten gewagt. Das alte Böhmen mit seinen blumenreichen Wiesen, Alleen und stattlichen Bäumen ist für ihn stets eine Reise in die eigene Kindheit. Eine vergangen geglaubte Landschaft mit versunkenen Dörfern hat in Tschechien vor allem entlang des ehemaligen Eisernen Vorhangs überlebt, heute aufbewahrt im Nationalpark Šumava. Dort und im Nationalpark Bayerischer Wald haben sich Bestandteile einer urtümlichen Natur erhalten: großflächige Moore, sumpfige Flusstäler, abgeschiedene Weiher, endlose Wälder mit Urwaldrelikten und einer sich selbst überlassenen Dynamik. Der Landschafts- und Tierfotograf hat in ganz Ostbayern und in Böhmen eine Schatzkiste mit Naturjuwelen gefunden und in seinem Bildband wie in einem sehr persönlichen Fotoalbum festgehalten. Für seine Eindrücke und die oft kaum wiederholbaren Begegnungen im „Wald“, die er fotografisch in Poesie übersetzt, hat er ein übergeordnetes Gedankenspiel angestellt: Archetypen menschlicher Vorstellungswelt wie Menschenleere, Ungezähmtheit, archaische Fremdheit, anmutige Schönheit, Himmel und Hölle sowie die Urformen Baum und Stein erscheinen in den Bildern und Texten der sechs Kapitel als sinnlich erfahrbar.

Sein mittlerweile achter Bildband beschreitet einen sowohl ästhetischen wie auch gedanklichen Weg „zurück zur Natur“. Durch die Begegnung mit tschechischen Naturkennern ist aus dem Band ein grenzüberschreitendes zweisprachiges Buch der deutsch-tschechischen Verbundenheit entstanden.

www.berndtfischer.de